Druck: Otto Wigand'sche Buchdruckerei G. m. b. H., Leipzig

Warum beschäftigt wohl der Ehebruch die Gedanken der Menschen so lebhaft? Er ist doch so unschön, daß man ihn am liebsten nicht erwähnte, ihn auswischte aus dem Bilde der Menschheit. Aber er gehört zu den alten und ewigen Sphinxrätseln, die uns narren, die uns packen mit ihren Krallen und quälen, die wir nie lösen. Er ist die Verneinung der Ehe, in der wir Menschen den Höhepunkt unseres Lebens finden. Aber auch sie ist unerforscht, wie die Seele der Menschen, ein stetes neues Erlebnis, das uns reizt, das jeder zu meistern vermeint, und das doch uns beherrscht, dem wir nie gerecht werden. Sie ist ein Ideal, das uns vorschwebt, nach dem wir uns sehnen, nach dem wir greifen und das keiner voll erreicht, da er ein übermenschliches Ideal sich vorstellt. Und selbst der besten einer ertappt sich einmal auf einem gedachten Ehebruch! Die Ehe ist so menschlich, so verschieden wie die Menschen sind, klein und groß, schön und häßlich, arm und reich, schwach und stark, gut und schlecht, — und doch, wieviele Millionen davon sind über einen Leisten geschlagen! Obwohl sich jeder einbildet, gerade seine Ehe sei etwas Besonderes. — Wer kennt die Ehe wahrhaft? Ein Dichter und Forscher sieht tausend und abertausend Ehen, aber da kommt doch eine neue, die sein Bild stört. Wer kennt die Herzen und Seelen der Menschen? Wer die geheimen Triebe des Lebens? Wir stellen die schönsten Sätze darüber auf, schreiben Gedichte und Lehrbücher davon, — und doch kennt keiner sich selbst ganz oder gar seinen Ehegatten. Und wie unendlich hat sich die Ehe gewandelt im Lauf der Jahrtausende! Scheinbar sich gleich in Jahrhunderten, ist sie innerlich heute etwas so ganz anderes als ehemals, — ist sie das auch wirklich? Oder ist das nicht nur ein Truggebilde schönschreibender Frauen und Männer? Ist das geschlechtliche Empfinden bei Mann und Frau heute anders als jemals früher? Wird es je anders werden? Ist die Liebe, dies gegenseitige Sichachten und Sichhelfen, dies schönste, treueste Miteinanderleben wirklich heute so ganz anders als je vordem? Haben nicht alte Römer und Griechen, Germanen und Kelten in Treue und Seelengleichheit, in Arbeit und Feiertagsruhe ihre Ehen am heimischen Herd so gut und so schlecht gehalten wie wir heute? Haben sie anders darüber gedacht? Hat nicht der Satz, daß Mann und Frau zwei gleiche Lebensgenossen sein sollen, schon bei den alten Pfahlbauern so gut gegolten, wie er heute als etwas ganz Neues gepredigt wird? Und wenn man heute so oft mit flammenden Worten eine Höherentwicklung der Ehe fordert, — von wessen Ehe redet man denn? Von den Millionen, über die niemand viel mehr weiß, als daß sie bestehen? Oder von den paar tausenden, die im Munde ihrer Nachbarn leben? Ich habe so oft die Empfindung bei all den schönen und unschönen Romanen, Predigten, Philosophien und Flugschriften über die Ehe, daß sie die Wirklichkeit nicht achten, daß sie ein paar hundert Ehen schildern und an all den Millionen der Arbeiter, Bauern und Bürger vorbeigehen, — denn die sind ihnen zu harmlos und philiströs.

Und wie die Ehe, so schillert der Ehebruch in tausend Formen und Farben, stets neu und doch immer dasselbe, und trotz aller Bosheit — oder gerade wegen ihrer? — immer reizvoll. Harmlos und gewaltig, unschuldig und größtes Unrecht, ein Spiel und ein Verbrechen, ein Lächeln und eine Grimasse ist er. Wie soll man ihn werten? Wie beurteilen? Ist er menschlich begreiflich und ohne Bedeutung für unser Dasein als Mensch und Volk? Oder ist er ein Treubruch von der gemeinsten Art, den wir bei uns und allen andern bekämpfen müssen? Wir sehen alle Arten der Antworten auf unsere Fragen, wir glauben ganz sicher zu sein in unserem Urteil, — und unser Nachbar verspottet uns darob.

Nun kam der Krieg, der uns erheben, unser Denken und Empfinden veredeln sollte, der aber eine Flut von häßlichen Erscheinungen über uns hinwogen ließ, daß wir erschrocken fragten, ob denn die alten Auffassungen und Gebote der Sittlichkeit nicht mehr gelten, oder ob die Menschen trotz aller Kultur doch noch rohe Triebmenschen seien, die nur durch die äußere Gewalt des Polizeistaates im Zaume gehalten wurden. Wie ein gewaltiges Experiment erscheint uns der Krieg, der durch Riesenbeispiele über das Seelenleben der Menschen Auskunft gibt. So regt er auch erneut dazu an, die Frage des Ehebruchs zu prüfen. Und nun, da wir über den Krieg hinaus sind, zittert noch die Erregung der vier Kriegsjahre in uns nach. Noch wissen wir nicht, wie wir uns in die Friedenszeit einfinden und einfühlen. Wir sind durch neue übergewaltige Erlebnisse gebannt; das Gefühlsleben ist noch außerordentlich; das Einleben wird erschwert. Die Zukunft liegt dunkler denn je vor uns und man fühlt so etwas von dem, was die Menschen im Mittelalter fühlten, die an einen nahen Weltuntergang glaubten. Wie steht es in all den Stürmen um die geschlechtlichen Empfindungen? um die sittliche Auffassung des Geschlechtslebens und des Ehelebens? Sind sie erschüttert oder weggefegt, oder bewahren sie ihre Kraft? Hat das Zusammenleben der Ehegatten das Familienband wieder gefestigt? Hat die lange Trennung die Beziehungen dauernd gelockert? Und wie stehen zu allem die Frauen der unglücklichen Kriegsgefangenen, die noch von grausamen Gegnern zurückgehalten werden?

Es ist erstaunlich, wieviel von jeher und überall über den Ehebruch geschrieben ist. Romane, Erzählungen, psychologische, sittengeschichtliche und kulturpolitische Untersuchungen, geschichtliche, kommentierende und kritisierende Darstellungen der Rechtsverhältnisse, Parlamentsdebatten und Zeitungsaufsätze wollen nicht enden. Die Frage nach Wesen und Wert der Ehe beschäftigt die Menschen ununterbrochen, und es ist offenbar nicht möglich, darüber völlige Klarheit und Übereinstimmung zu erreichen. Es ist aber nicht zu bezweifeln, daß die heutige tiefgreifende ernste Beschäftigung mit den Fragen des Geschlechtslebens immer bessere Anschauungen zeitigt, aber auch den hohen Wert der bisherigen Eheauffassung erkennen läßt [1]). Die Juristen fragen aber etwas zu wenig nach den

[1]) Ich nenne nur zwei besonders wertvolle Werke der letzten Zeit: Heinrich Kisch, Die sexuelle Untreue der Frau. Bonn 1917, und G. von Rohden, Sexual-Ethik, Leipzig 1918.

allgemeinen sozialen Anschauungen; sie ergründen zu wenig die tatsächlichen Zustände, wissen zu wenig von den physiologischen und psychologischen Verhältnissen des Geschlechtslebens, erforschen zu wenig das Wesen der Ehe und die individuelle wie soziale Bedeutung des Ehebruchs. Das ist nun allerdings eine recht schwere Aufgabe; aber trotzdem sollte man sie nicht einfach anderen überlassen, sich nicht mit ein paar Lesefrüchten und Schlagworten begnügen. Freilich wollen viele Nur-Juristen lediglich die formalen Vorschriften der Gesetze ergründen und meinen, alle Erforschung der sozialen und individuellen Zustände gehöre nicht zu ihrer Kompetenz. Wir beobachten das auch auf unserem Gebiete. Viele Arbeiten von Juristen stellen nur die Gesetze über den Ehebruch dar und suchen ihren Sinn und Zweck festzustellen. Sie wollen dann aus den ergangenen Gesetzen erkennen, welche Bedeutung der Ehebruch hat, und wie man auch fernerhin ihn behandeln soll. Der Jurist ist in seinen Betrachtungen oft nicht selbständig genug gegenüber dem Gesetz und ist oft viel zu konservativ im Banne gesetzlicher Anschauungen. Das ist recht weltfremd theoretisierend. Daher verstehen solche Juristen und die Soziologen einander recht wenig. Aber zum Glück wissen doch die meisten von jeher, daß das formale Recht nur zu begreifen ist im Zusammenhang mit den von ihm geformten Lebensverhältnissen, und daß der Richter diese stets mitbeachten und bewerten muß, wenn das Gesetz ihm eine Freiheit des Ermessens gewährt. Und gerade der Jurist soll durch seine Gewöhnung an ruhige, allseitige Beobachtung aller Lebensverhältnisse am besten imstande sein, auch die Ehe und den Ehebruch richtig zu bewerten. Bei der Entwicklung des Rechts und seiner Handhabung kommen auch so viele wichtige Gedanken zutage, daß eine Durchforschung der Rechtsgeschichte von höchstem Werte für die Beurteilung der Zustände auch unserer Tage ist.

Man kann allerdings dem Juristen eines entgegenhalten: daß seine Betrachtung ganz andere Ziele verfolge als die psychologisch-kulturellen; daß er nur nach der Bedeutung der bekannt gewordenen Ehebrüche für das staatliche Leben frage, aber nicht nach der Bedeutung der Ehebrüche für die Entwicklung der sittlichen Auffassung. Aber nichts ist falscher als das! Das Recht, wie es im Gesetz steht, hat freilich nur praktische Tagesbedeutung. Aber schon die Anwendung des Rechts entwickelt sich mit dem sittlichen und sozialen Bewußtsein des Volkes. Ein Gesetz und eine Rechtsanwendung aber, die nicht stets in Fühlung bleiben mit der Volksanschauung, verkümmern und verlieren ihren Wert. Wohl soll das Recht auch Führer des Volks sein, soll belehren und sich gegen eine Welt von Torheit und Widerständen wenden, um sie zu besiegen. Aber es wäre sehr ungeschickt, wollte die Rechtsordnung Ideale für eine ferne Zukunft aufstellen und sie jetzt durchzuführen versuchen; es würde die Wirklichkeit darüber vergessen und vernachlässigen, und das wirkliche Leben möchte den Handel zum normalen erheben, den das Gesetz als Schleichhandel verpönen will. Das Ideal des Rechts darf nicht allzuweit von der Forderung des Tages abliegen und von dem, was das Volk nach seinen jetzigen Anlagen und Fähigkeiten erfüllen kann. Das Recht muß mit der Psychologie des Volkes rechnen und muß das Volk in seiner Seele zu fassen wissen. Dann wird es selbst Widerstrebende durch Festigkeit überwinden, denn schließlich erkennen doch die meisten Menschen das ihnen Nützliche, so oft und gern sie es auch abstreiten. Zu all dem muß das Recht die Anschauungen und Gewohnheiten des Volkes genau kennen, muß ihre Entwicklung beachten, um deren Weg im voraus zu überschauen. Im Gebiet des Geschlechts- und Ehelebens muß das Recht auf's genaueste zusehen, wie das Volk denkt und empfindet, was es für gut hält, was es verpönt. Danach muß es versuchen, sein eigenes Ideal durchzuführen; es darf nicht nachgeben, wenn es eine Gegenanschauung für schädlich hält; wo es aber zugeben muß, daß die Anschauungen noch unsicher sind, muß es der Freiheit Raum lassen.

Können wir nun wirklich feststellen, wie es tatsächlich mit dem Ehebruch steht? Ich glaube nein. Wir sehen und hören nur einen Bruchteil der Wahrheit, aber welchen? Und wir erfahren doch nur Äußerlichkeiten; in keinem Ehescheidungsprozeß, in keiner Ehebruchsstrafsache werden die Beteiligten die Wahrheit voll sagen und ihr inneres Erleben recht darstellen; sie können es wohl überhaupt nicht. Das beste sagt uns meist der Arzt, dem sich die Menschen am ehesten offenbaren. Wir müssen uns also mit dem Bilde begnügen, das uns Dichter, Psychologen und Sittenschilderer bieten, und mit dem, was wir selbst erleben und beobachten.

Da müssen wir zuerst W e s e n und W e r t d e r E h e erkennen. Das scheint heute recht schwer, wo so viele Kritiker und Verbesserer an der Arbeit. Aber wer ruhig und nüchtern zuschaut, findet doch nicht allzu schwer das Rechte. Unsere Ehe ist Geschlechtsgemeinschaft und auf dem Geschlechtsleben aufgebaut. Sie ist aber auch allgemeine Lebens-, Seelen- und Arbeitsgemeinschaft. Sie dient der geschlechtlichen Befriedigung und Kinderaufzucht, aber auch der Entwicklung der eigenen individuellen und sozialen Kräfte der Ehegatten. Die zwei sollen durch die gegenseitige Hilfe und die gegenseitigen Pflichten lernen und sich selbst weiterbilden; sie sollen am eigenen Herd die zur Arbeit nötige Ruhe finden. Sittlich und wirtschaftlich soll die Ehe der soziale Kernpunkt sein, den keine Freundschaft ersetzen kann. Das ist sie aber nur als E i n e h e und D a u e r e h e. Nur hier kann der Mensch sich voll geben und das Leben des anderen voll empfangen. Darüber hinauszugehen, übersteigt die Seelenkräfte des einzelnen, zersplittert ihn und verdirbt ihn. Wäre die Ehe nur Geschlechtsgemeinschaft, dann könnte das anders sein. Es ist der größte Fehler, der beste Beweis der Verkehrtheit einer neuen erotischen Richtung, daß sie viel zu viel Gewicht auf das geschlechtliche Moment in der Ehe legt. Gewiß ist dies die Grundlage des Ehelebens, ja sogar häufig gar nicht genug als solche beachtet; aber auf ihr entwickelt sich eine viel weitergehende, den ganzen Menschen erfassende Gemeinschaft, die den Beruf beeinflußt, die für das ganze Leben und über die Zeit lebhaften, bewußten Geschlechtsempfindens hinaus wirkt, die allein die gute Grundlage für die Erziehung der Kinder bietet. Ohne geschlechtliche Zusammengehörigkeit ist die Innigkeit einer Ehegemeinschaft undenkbar; sie erst bewirkt das völlige seelische Ineinanderaufgehen zweier Menschen, das dann wieder den Charakter und das Arbeiten weiter entwickelt. Eine Gemeinschaft, die nur Geschlechtsgemeinschaft sein will, braucht diese Seelenentwicklung nicht; sie kann bald gelöst werden. Reine Geschlechtsgemeinschaften können Mann wie Frau mehrere haben, hinter-, ja wohl auch nebeneinander. Aber es ist doch unkritisch und völlig ungeschichtlich, unsere Ehe so zu charakterisieren. Die Menschen haben sich doch auch sittlich entwickelt und haben die in der Geschlechtsgemeinschaft ruhenden seelischen Kräfte allmählich entfaltet, ihre hohe Bedeutung, ihre Schönheit erkannt. Nicht in der Geschlechtsgemeinschaft von Mann und Frau liegt der große Kulturwert, sondern in dem Familienleben, das sich am eigenen Herd vollzieht; in ihm sind unendliche sittliche, wirtschaftliche und andere Kräfte maßgebend, die weit über das Geschlechtsleben hinausgehen. All das aber hängt mit der dauernden Einehe unauflöslich zusammen. Wohl kann man auch heute noch eine polygame Ehe sich denken; aber niemand kann daran zweifeln, daß nur in der Dauer-Einehe die sittliche Höherentwicklung des Menschen möglich ist, die wir in gesunden, guten Ehen beobachten, und daß nur in ihr die Grundlage für die gedeihliche Entwicklung der Kinder liegt. Ehe ist ein Schicksal, das die seelische Entwicklung eines Menschen darstellt; und diese ist bedingt durch das völlige Ergründen eines anderen Menschen, der unser Spiegel sein soll. Darin liegt das Hohe unserer Kulturehe. Diese allgemeine, auf geschlechtlicher Grundlage aufgebaute Lebensgemeinschaft müßten wir entwickeln, hätten wir sie noch nicht; unsere Kulturehe wollen wir nicht mehr missen. Man möchte vielleicht sagen, daß dies Ideal selten, zu selten verwirklicht werde. Als Ideal begegnet es uns auch nicht allzuoft, aber wir Menschen müssen immer mit menschlicher Schwäche rechnen. Und doch wirken die sittlichen Kräfte der dauernden pflichtvollen Geschlechts- und Arbeitsgemeinschaft still und unbewußt in den allermeisten Fällen, beim Arbeiter, Bauern und Bürger, in hohen und niederen Ständen. Und wenn wir die sittliche und soziale Bedeutung unserer Ehe erkannt haben, müssen wir an ihr als der Norm, dem Ideal festhalten, nach dem wir immer wieder streben.

Man kann es verstehen, daß viele Kritiker an unserer Ehe heute zweifeln. Ich wende mich nicht gegen lächerliche Übertreibungen, die unsere heutige Ehe der Prostitution gleichsetzen und alle Männer Scheusale nennen, die behaupten, alle verheirateten Frauen seien Gefangene, und eine anständige, selbstbewußte Frau dürfe überhaupt nicht heiraten. Habeant sibi! Aber auch ernsthafte Kritiker sehen zuviele Abweichungen vom Ideal. Statt nun in ruhiger geschichtlicher Betrachtung den Kanon der Kulturehe zu erkennen und danach zu streben, daß sich die Wirklichkeit dem Ideal annähere, verwerfen sie die Ehe völlig und wollen ein neues Gebilde schaffen, das doch zuletzt nichts anderes als unsere Ehe wieder wird. Ihm soll wesentlich der staatliche und soziale Zwang fehlen, es soll auf Freiheit gegründet sein, in der allein wahre Liebe gedeihen kann. Gewiß ist völlige Freiheit als Grundlage der Ehegemeinschaft ein herrliches Ideal. Aber wir Menschen sind nun leider nicht völlig frei, sondern gehemmt und gebunden durch tausend Fesseln unseres Erdenlebens. Die werden stets uns binden, so daß schon deswegen ein im luftleeren Raum erdachtes Phantasiegebilde nie bestehen kann. Alle Ideale müssen gerade mit diesen natürlichen Hemmungen rechnen und müssen ihre Überwindung erstreben; darin sehen wir ein gut Teil der Schönheit unseres Lebens. Der Schwierigkeiten größte ist wohl die Charakterschwäche, die auch zu bekämpfen ist. Und dazu braucht der Mensch eine Hilfe von außen, die ihm der staatliche Zwang gewährt: Die Zwangsehe ist berechtigt, ja nötig. Sie ist die Grundlage unserer Familie, unserer wirtschaftlichen Verhältnisse, der Höherentwicklung der Menschen und besonders der Sicherstellung der Frauen. Der gesetzliche Zwang ist doch ehrlichen Menschen nichts anderes als das Seitenstück des inneren Zwanges, den sie selbst üben. Man mag und soll Freiheit der Trennung gewähren, um übertriebene Folgen des Zwanges zu vermeiden. Aber am Grundsatz des Zwanges müssen wir mindestens solange festhalten, als die Menschen ihre heutige Charakterschwäche noch als Erbübel mit sich herumtragen, und solange wir unsere heutige wirtschaftliche Ordnung haben. Es ist nach aller Erfahrung der Neuzeit nicht anzunehmen, daß die politische und wirtschaftliche Umwälzung so groß sein wird, daß wir in absehbarer Zeit völlig veränderte wirtschaftliche Verhältnisse haben werden. Aber auch bei starken sozialen Änderungen wird der äußere Zwang der dauernden Einehe seine sittliche Bedeutung behalten. Das Gesetz ist ein Erziehungsfaktor. In seiner Disziplin liegt ein gutes Stück unserer Heimat. Ich will gar nicht leugnen, daß man daneben auch freie Verhältnisse dulden soll; ich bin stets für sie eingetreten. Wenn sie ehrlich sein sollen, muß in ihnen der Ehebruchsgedanke derselbe sein, wie in der staatlichen Ehe. Es ist aber ein großer Irrtum zu glauben, daß sie die Prostitution beseitigen. Diese wird doch durch vielzuviele Gründe außer der Ehe getragen. Und in den freien Verhältnissen stecken neue Gründe für die Prostitution. Nie aber dürfen wir dabei vergessen, daß es einseitig ist, immer nur die Ehe zu betrachten und nicht zugleich die Familie, die sich auf die Ehe gründet. —

Nun sehen wir tausend und abertausend Ehen, die von dem Ideal recht weit entfernt sind, die in nüchterner Eintönigkeit des Werktagslebens, in drückender Mühe sich abspielen, in denen die Leidenschaft oft ausbricht, aber nie ein höherer Schwung lebt. Und doch spiegelt sich auch in ihnen das Ideal wieder. Auch sie sind rechtschaffen und gut; in ihnen lebt die Pflicht, und sie tragen ihr Sandkorn zum Bau der Menschheit bei. Niemand darf sie verachten oder verspotten, niemand sie bemitleiden; sie sind Menschenschicksal, wie es uns in der Menge beschieden ist. Es gibt auch unzählige rohe Ehen, die dann viele Frauenrechtler offenbar verallgemeinern; sie wollen wir beseitigen, aber es wird ihrer geben, solange es Menschen gibt.

Um unsere Ehe richtig zu verstehen, müssen wir das Geschlechtsleben und die Seelenverfassung von Mann und Frau verstehen, müssen die Erziehung und Charakterbildung, das Leben vor der Ehe, die gesellschaftlichen Zustände, die zur Ehe führen, und die sittlichen

Anschauungen, die dem einzelnen gelehrt werden, beachten. Dann erst werden wir die Ideale und die Wirklichkeit erkennen. Mann und Frau, die wir seelisch und sittlich gesund nennen, werden in unserer heutigen Ehe nicht nur ihr Genüge finden, sondern sie auch als die rechte Stätte einer gesunden Lebensentwicklung preisen. Wer unsere Ehe als gesellschaftliche Einrichtung gering achtet, dessen geschlechtliches Empfinden ist nicht normal oder er ist sittlich minderwertig oder ein Phantast und Ideolog, oder er urteilt vorschnell und unkritisch. Er mißversteht oft völlig die Bedeutung der Geschlechtlichkeit für das Menschenleben und merkt nicht, daß sie nicht das Ziel des Lebens ist, sondern nur das Mittel körperlicher und seelischer Entwicklung. Er sieht in der Ehe ausschließlich den äußeren Zwang, und da er viele unglückliche Ehen sieht (die in der menschlichen Unvollkommenheit begründet sind), meint er, die Ehe sei überhaupt verkehrt. Beobachtete er die zahllosen glücklichen Ehen und Familien, dann würde er merken, daß der Gedanke unserer Ehe gut und gesund ist, und daß die menschliche Schwäche auch bei anderen Einrichtungen bleiben würde.

Wie steht es nun mit dem Ehebruch in unserer heutigen Ehe? Wir wollen ohne weiteres zugeben, daß die übergroße Mehrzahl der Männer vor der Ehe geschlechtlich verkehrt hat, und daß auch viele Frauen das getan haben. Aber es darf doch angenommen werden, daß der Ehebruch verhältnismäßig selten ist, daß immer noch die Treue in der Ehe eine gewaltige sittliche Kraft ist. Wir sehen, daß die Menschen in der täglichen Arbeit im allgemeinen nüchtern und ruhig sind, daß sie ihr Genüge, ihre Ruhe und Erholung in der Ehe finden, daß die Ordnung der staatlichen Ehe als das Richtige erscheint, daß das Pflichtgefühl die Menschen beseelt, und daß das Familienleben sie befriedigt und erfreut. Im allgemeinen ist das Leben der Menschen nicht so sinnenaufregend, daß wir alle Grenzen der Sitte verachten wollten. In den Zeiten der größten Stärke des Geschlechtstriebs sind viele Menschen noch nicht verheiratet, und in der jungen Ehe sind die meisten Ehegatten im Verkehr miteinander zufrieden. So halten Pflichtgefühl, Überlieferung und Sitte, Liebe, Gewohnheit, die Arbeit des Alltags und manches andere vom Treubruch ab. Anderseits gibt es gewiß vieles, das ihn begünstigt: die sinnliche Leidenschaft ist bei den meisten Menschen groß; sie wird durch verschiedene Umstände gereizt; ihr leistet der Mensch, der selten an Sittlichkeit ein Held ist, nicht genug Widerstand; die augenblickliche Erregung läßt ruhige Überlegung nicht aufkommen. Wenige haben auch das klare Bewußtsein von dem Wert der Ehe und der ehelichen Treue und von den Folgen des Ehebruchs; mehr noch ist die Frau durch ihr Gefühl für Mutterpflicht und Keuschheit und die Erkenntnis vom Wert der Ehe geschützt als der Mann. Unsere Anschauungen über die Prostitution, törichtes Gerede der Freunde, zynische Sticheleien, Verführung reizen zum Treubruch. Krankheit des anderen Gatten, gegenseitige Gereiztheit, Alkohol, Bedrückung über geschäftlichen und beruflichen Niedergang verleiten zu ihm. Auch mag wohl eine Frau, die ahnungslos einen Menschen heiratete, plötzlich den ihr wirklich sympathischen Mann finden. Die geschlechtlichen und seelischen Eigenheiten der Menschen sind schwer zu ergründen; gerade die Frauen kennen sich selbst nur wenig und fühlen oft nur unklar, daß sie nicht recht mit ihrem Gatten übereinstimmen. Die Wohnungsverhältnisse tragen auch ihr Teil bei. Für den Mann bieten Reisen verlockende Gelegenheiten, für die Frau die Geselligkeit und der Aufenthalt in Bädern. In unserer Zeit wirkt die Abkehr vom Kinde sicher auch ungünstig auf die Frauen. Und das gleiche gilt von der größeren Freiheit der Frau. Sie bringt im Geschäfts- und Gesellschaftsleben enge Beziehungen der Frau mit Männern zustande, die geradezu verführend wirken. Unser ganzes gesellschaftliches Leben ist viel zu sehr auf sinnliche Erregung angelegt. Da wird mit dem Feuer gespielt. Wenn dann die Ehegatten es nicht verstehen, sich körperlich und seelisch zu fesseln und zu befriedigen (oft ist dies nur Folge von Unverständnis und Harmlosigkeit), dann ist der Treubruch durch die Gelegenheit nur zu leicht veranlaßt. — So sind es tausenderlei Gründe, die zum Ehebruch führen oder von ihm abhalten. — Erwägt man nun alles, dann darf man wohl sagen: die Ehen sind bei uns heute grundsätzlich rein; mag auch der Ehebruch absolut sehr häufig sein, er ist doch verhältnismäßig selten. Er gilt dem ruhig Überlegenden als unerlaubt und bedenklich, mag sophistisch heuchlerische Verdeckung der eigenen Schwäche noch so viele Ausnahmen davon aufstellen. An dieser Erkenntnis können uns auch die Kritiken der Ehereformer nicht irre machen, die die Schlechtigkeit unterstreichen und das stille, einfache, selbstverständliche Gute unseres Lebens nicht sehen wollen, denen die Sensation wichtiger ist als ruhige Überlegung und sozialer Fortschritt.

Für verkehrt und nur eine schwache Entschuldigung männlicher Unsittlichkeit halte ich das Gerede von der polygamen Natur des Mannes. Soweit ich bisher sehe, wird sie durch nichts bewiesen außer durch die häufige männliche Unmoral. Und wenn der Mann wirklich nach Polygamie strebte, dann ist das sicher keine Gesetzmäßigkeit der Natur, sondern eine Anlage, die wohl durch Kultur zu überwinden ist, und die sicher nicht in unsere Kultur paßt.

Die W i r k u n g des Ehebruchs ist sicher ungemein verschieden: von größter Harmlosigkeit bis zu größter Zerrüttung der Ehe wird man alle Schattierungen finden. Ein Mann verkehrt einmal während der Krankheit seiner Frau, oder da er lange allein ist, mit einer Dirne, nur um sein sogenanntes sinnliches Bedürfnis zu befriedigen, — ein anderer mag in Verzweiflung gehandelt haben, — die Frau wurde verführt und betört. Da kann der andere Ehegatte oft genug verstehen und verzeihen. Ja, ich möchte annehmen, daß mancher Ehebruch erst den Anlaß zu wahrem Verstehen der Gatten und innigerer Verbindung gibt, da er ihnen die Augen über den echten Wert ihrer Ehe öffnet. Mancher Ehebruch der Frau läßt sie erst zu voller Höhe erwachen und aufsteigen. Wo beide Gatten roh und nieder denken, ist ihre Ehe selten so sittlich hoch, daß ein Ehebruch sie gefährdete oder gar vernichtete. Wie oft verfeinden sich die Gatten, verstehen sich nicht und vergiften ihr Verhältnis: der Ehebruch ist nur die Folge davon, sein letzter Ausdruck. Oft genug ist der Ehebruch der Frau nur durch das Verhalten des Mannes verursacht. Und daneben stehen die Fälle, in denen der Ehegatte durch den leichtsinnigen Ehebruch aus der Bahn geworfen wird, von nun an sich von seinem Gatten abwendet, das Verhältnis in der Ehe vernichtet, das Familienglück zerstört, wirtschaftlichen Niedergang, Schande und Krankheit in die Ehe wirft. Eine einheitliche Wirkung des Ehebruchs für die Ehe ist gar nicht festzustellen, so wenig wir die Menschen und ihre Ehen in einem einzigen Satz charakterisieren können. — Im allgemeinen darf man dabei wohl annehmen, daß nach natürlichen Gesetzen (über die uns keine Frauenbewegung hinwegbringt!) und nach unseren Kulturanschauungen (mögen sie selbst verkehrt sein!) der Ehebruch des Mannes weniger schädlich zu wirken braucht und in der Regel wirkt als der der Frau.

Eine große Gefahr liegt sicher in jedem Ehebruch! Denn jeder kann die zarten Ehebande zerreißen, Menschenglück vernichten und damit die Allgemeinheit um ein wertvolles Gut berauben. Das erwägt auch der Staat, wenn er streng gegen jeden Ehebruch einschreiten will. —

Ob der Ehebruch in der jetzigen Zeit allgemein zugenommen hat, ist sehr schwer zu bestimmen. Der früheren Roheit und Naivität der Anschauungen steht heute eine tiefer empfundene Sittlichkeit gegenüber, aber ebenso tritt an die Stelle einfach natürlicher, gesunder Verhältnisse eine starke Nervosität und Unklarheit über die Lebensgrundlagen. Zeiten des Übergangs und sozialer Zersetzung wirken sittlich nicht günstig. Gründen, die zur Abnahme führen, stehen ebensoviele gegenüber, die eine Zunahme veranlassen können. Die durch den Materialismus unserer Zeit erzeugte Genußsucht und der Erotismus wie die Sucht „sich auszuleben" haben die Bande einer altbewährten bürgerlichen Moral stark gelockert; anderseits können tieferes Nachdenken über das Leben, besseres Verständnis für seine Pflichten heute der Sittlichkeit viel nützen. Dauernde Zustände haben wir hier so wenig wie bei einem anderen Verhältnis unseres Kulturlebens. Drum läßt sich auch kaum etwas Sicheres für die Zukunft voraussagen. —

Wir sahen nun leider und zu unserem Erstaunen im Krieg den Ehebruch ungeheuer zunehmen und Männer wie Frauen daran zugrundegehen. Überall nehmen die Scheidungsklagen wegen Ehebruchs erschreckend zu. Das ist ein Übel, an dem wir nicht achtlos vorübergehen dürfen. Woher kommt es? Was bedeutet es? Die Ursachen sind wohl wesentlich verschieden für Mann und Frau. Der Soldat mochte oft genug Sehnsucht nach Hause haben und an seine Frau in Liebe denken. Solange ihn die Furchtbarkeit des Krieges umgab, war auch seine Sinnlichkeit nicht sehr angeregt. Aber in der Ruhe erwachte die Lebenslust, er mußte etwas anderes als den Tod des Kampfes denken und empfinden. Da sehen wir ihn unterliegen. Dazu war die Versuchung in den besetzten Gebieten so groß und die menschliche Roheit nicht kleiner. So ist es kein Wunder, daß der stärkste Lebenstrieb den Mann beherrschte. In der Etappe ist es eine große Nervosität, eine starke Genußsucht und Versuchung, die den Mann verführten; da trafen sich viele unlautere Elemente, deren Einfluß auch der Gute unterliegt. Auch spricht sicher die Gewohnheit des Geschlechtsverkehrs mit, so daß mancher meinte, er könne ohne ihn nicht leben. Aber trotz alledem: was da geschah, ist nicht um ein Haar weniger verabscheuenswert, weil wir es begreifen!

Unverständlich bleibt demgegenüber das Verhalten der Frau. Es muß schon richtig sein, daß der Krieg eine Psychose hervorruft. So sah man sofort zu Anfang Mädchen sich dem scheidenden Mann hingeben, dem sie wohl den letzten Liebesdienst erweisen wollten. So war und ist noch unser ganzes Leben daheim voll Nervosität in der Arbeit, im Verdienen, in der Ernährung, im Genießen und vor allem im Denken an die Männer und ihre Erlebnisse draußen und an unsere Zukunft. Wir sehen alle Berechnungen und Hoffnungen umgeworfen, überall die Ordnung wanken. Da ist es kein Wunder, wenn auch im Geschlechtsleben die Bande gelockert wurden. Bei vielen Frauen mag ebenso wie beim Mann die jähe Unterbrechung des gewohnten Geschlechtsverkehrs die Empfindungen erschüttert haben. Einige schützten ein Mitleid mit den heimgekehrten Verwundeten vor. Besonders ist auch zu bedenken, daß die plötzlich selbständig gewordene, aber doch im Charakter noch nicht gefestigte Frau nun die Bahnen wandelt, die vor ihr der Mann schon stets gewandelt ist: warum sollte denn eine doppelte Moral gelten? Ein Argument, das heute so oft zu hören ist! So erntet die Männerwelt jetzt, was sie selbst gesät hat. Dann wirkte bei beiden Gatten die Trennung eigenartig sinnenreizend: die Sehnsucht nach dem fernen Gatten regte ständig das Geschlechtsgefühl an, bis es nach Befriedigung drängte. Die daheimgebliebenen Männer hatten bei der einsamen und nach vertrautem Umgang sich sehnenden Frau leichtes Spiel, besonders wo Landsturmmänner, oder auch wo Kriegsgefangene bei Kriegerfrauen einquartiert waren. Freilich genügt mir das alles noch nicht, um den Ehebruch der Frauen daheim begreiflich zu machen. Ich sehe nur eine ganz gewaltige sittliche Schwäche und eine Stärke des Geschlechtstriebes, an die ich früher nicht glauben wollte. Ich halte sie freilich doch für überwindbar. Aber unsere Kultur ist noch nicht so stark, ist noch zu sehr von dem Gedanken der Berechtigung, ja Notwendigkeit des ständigen Geschlechtslebens erfüllt, noch so wenig ergriffen von der Bedeutung der Ehe, daß wir noch weit entfernt von einer auch nur bescheidenen Verwirklichung reiner Sittlichkeit sind.

Mancher wird vielleicht die Kriegsverhältnisse als Beweis für seine Behauptung ansehen, daß unsere bisherige Kultur mit ihrer Ehe Heuchelei und Verkehrtheit sei, daß wir „die Natur nicht unterdrücken“ dürften und dem Geschlechtstrieb größere Freiheit lassen müßten. Wer so redet, kennt die Geschichte recht schlecht. Seine Freiheitsforderung finden wir stets in Zeiten des Kulturniedergangs, der sozialen Erschütterungen und Revolutionen vorgetragen und befolgt. Und selbst die kleine eigene Beobachtung zeigt, daß die Anhänger seiner Forderung sehr selten nützliche Glieder der Gesellschaft sind. Hochfliegende Geister, die uns aufrütteln und vorwärtsbringen, mögen die Schranken einer „philiströsen Bürgermoral“ durchbrechen; aber schon sie leiden oft genug seelisch unter ihrer eigenen Freiheit. Und daß diese für die Dutzendmenschen, die nun doch einmal das Volk ausmachen, nichts taugt, lehrt der Augenschein zu deutlich. Der Geschlechtstrieb bedarf der Eindämmung; Schrankenlosigkeit führt bei ihm leichter als selbst beim Essenstrieb zu Krankheiten. Der Mensch ist doch auch über das Tier hinausgewachsen. Und es wird zu wenig beachtet, daß der Geschlechtstrieb nicht nur im eigentlichen Geschlechtsakt sich Geltung und Befriedigung verschafft, sondern das ganze Wesen, Denken und Handeln des Menschen durchsetzt. Diese Verhältnisse sind wohl von der Medizin und Psychologie noch zu wenig erforscht.

Wir sehen auch jetzt schon die verderblichen Wirkungen dieser Kriegsfreiheit: zerstörte Ehen, kranke Menschen in Menge. Die Ehebruchsklagen der Männer gegen ihre Frauen mehren sich gewaltig. Wieviele Ehen aber zerrüttet weiter vegetieren, wissen wir nicht. Die Ärzte beobachten mit Schrecken das Steigen der Geschlechtskrankheiten bei Männern und Frauen, bei diesen keineswegs nur als Folge der Ansteckung durch den Gatten. Wir mußten schon ohne weitere Prüfung als sichere Folge des Krieges erwarten, daß Tausende von Ehen zerrüttet sind. Dem Mann lag nicht mehr viel am maßvollen Geschlechtsverkehr und ruhigen Leben; die Frau hat sich Selbständigkeit im Denken und Handeln angewöhnt. Die dauernde Intimität des Ehelebens war zerstört und damit eine der wesentlichsten Kräfte geschlechtlicher und seelischer Übereinstimmung. Hunderte, die im Krieg sich rasch verheiratet haben, merken jetzt, wie unglaublich töricht sie in der Übereilung gehandelt haben; so leben nun viele in einer von vorneherein unharmonischen Ehe. — Wie sich alles bei glücklichem Kriegsende oder doch bei einer ruhigen Entwicklung der Friedensverhältnisse gestaltet hätte, können wir leider nicht sagen. Der gewaltige Umsturz unserer staatlichen Verhältnisse, die ungeheure Erschütterung unseres wirtschaftlichen Lebens hat einmal alle Gedanken vom häuslichen Leben (außer vom rohen Essen!) ab und auf andere Verhältnisse hingelenkt, so daß gewiß viele gar nicht an eine Verfolgung dessen denken, was im Krieg alles geschehen ist. Nur da ist es anders, wo die äußeren Verhältnisse noch ruhiger geblieben sind. Aber daneben hat fast alle Menschen ein Sinnentaumel ergriffen, der den Beobachter staunen läßt, der so gar nicht in unsere schauerlichen, elenden Verhältnisse passen will, der nur als Reaktion gegen einen allzulang währenden dumpfen Druck und als eine Art Verzweiflung gegenüber der Unsicherheit und dem Bankerott vieler Verhältnisse einigermaßen zu begreifen ist. Und endlich lehnen sich jetzt fast alle Menschen innerlich und äußerlich gegen die gewohnte Ordnung auf, kritisieren, fordern neue Rechte, sind erregt und unsicher in ihrem Denken und Fühlen gegenüber dem bisherigen Zustand. — Bei all dem Tosen und Lärm um uns hören wir jetzt nur wenig von den Verhältnissen des Ehelebens. Aber es bedarf nicht großer Studien, um sich sagen zu müssen, daß die Jetztzeit gesundem und gutem Eheleben nicht sehr zuträglich ist, selbst wenn man sagen wollte, daß die rauhe und häßliche Luft draußen die Menschen um so mehr zu dem Behagen des häuslichen Herdes flüchten läßt, wie das ja die zahllosen Verlobungen nach dem Kriege darzutun scheinen. Wir haben von der Psychologie des Krieges manches in der langen und verhältnismäßig ruhigen Zeit erfahren können; die Psychologie der

Revolution ist uns noch merkwürdig fremd. Wir werden über sie erst langsam aufgeklärt werden.

Und dennoch bin ich für unsere Eheverhältnisse nicht ängstlich; sie sind dafür zu gesund. Was wir im Kriege und jetzt erleben, ist eine wahre Psychose, eine Hysterie, ein Fieber. Das wird vergehen, wie der Haß der Menschen und Völker und der Fanatismus vergehen werden. Die Menschen werden wieder ruhig, werden die Bedeutung seelischer und äußerer Ordnung, von Beherrschung und Ruhe erkennen und dankbar für den Frieden und die alte philiströse Bürgertugend sein. Ja, ich erwarte, daß gerade die Lehren des Krieges und Umsturzes unsere ruhige Kulturentwicklung in den alten Bahnen kräftigen werden, selbst wenn uns noch schwerere Erschütterungen bevorstehen. —

Wollen wir uns nach der Bekämpfung des Ehebruchs umsehen, müssen wir doch zuerst feststellen, was denn eigentlich der Ehebruch nach unserem Sprachgebrauch und unserer Kulturauffassung ist. Man redet so leichthin, als ob das eine ausgemachte Sache sei, man fragt gar nicht danach, ob denn der altüberlieferte Begriff nicht veraltet und zu eng gefaßt sei.

Als Ehebruch gilt nur der Beischlaf eines Ehegatten mit einer Person, die nicht sein Gatte ist. Also tausend andere Unzuchtspraktiken, durch die ein Gatte seine Ehe vernichtet, sind nicht Ehebruch. Die enge Umgrenzung hat wohl geschichtliche Gründe: die Welt lebte früher einfacher, natürlicher und dachte nicht weiter an Unzucht außer dem Beischlaf. Auch denkt man bei dem Delikt an die Verletzung der echten Gattengeschlechtspflicht, die in der Gewährung des natürlichen, kindererzeugenden Beischlafs besteht. Aber zweifellos geht das Eheleben darüber weit hinaus: es besteht in vollster Geschlechtsgemeinschaft und kennt auch Geschlechtsbefriedigung ohne jeden Zeugungswillen. Und dann muß auch jede außereheliche Geschlechtsbefriedigung eines Eheteils neben dem Beischlaf ehewidrig sein. Als solche wird sie auch allgemein aufgefaßt. Ihre Wirkungen sind die schlimmsten. Die eheliche Treue verlangt Geschlechtstreue ohne Ausnahme. Nennt man den Ehebruch Angriff auf die staatliche Eheeinrichtung, dann ist sicher jede Art außerehelicher Geschlechtsbefriedigung eines Ehegatten ein solcher Angriff. Das Österreichische Strafgesetzbuch von 1852 bestimmt in § 525, daß „andere größere Unsittlichkeiten als: ... Verletzung der ehelichen Treue. . . . solange sie im Innern der Familie verschlossen bleiben, lediglich der häuslichen Zucht zu überlassen" sind. Übertretung gegen die öffentliche Sittlichkeit werden sie nur, wenn der Ehegatte die Hilfe der Behörden anrufen muß. Hierher gehören wohl die von mir charakterisierten Fälle. — Mehrfach finde ich bei früheren Gesetzesbesprechungen die Frage berührt. Ich verstehe daher die von der allgemeinen Auffassung festgehaltene enge Umgrenzung des Begriffes nicht. In der Rechtsprechung mag sie hingehen, damit nicht zu viel gestraft und zu schematisch jede sittliche Verfehlung eines Ehegatten zum Scheidungsgrund gemacht wird. Um einen sicheren und praktisch engen Tatbestand zu haben, ist wohl auch diese altüberlieferte Begriffsbestimmung beibehalten worden. Aber wie oft wird wohl der „Ehebruch“ abgeschworen, wo schlimme geschlechtliche Treuverletzungen vorliegen. — Interessant ist, daß man früher vielfach zum Delikt die — natürlich schwer nachweisbare — immissio seminis verlangte, um die Bestrafung zu vermeiden.

Eine für die strafrechtliche Behandlung wichtige Frage ist die, ob der Ehebruch ein Treubruch gegen den anderen Gatten oder ein Angriff auf die staatliche Einrichtung der Ehe ist. In der Geschichte bemerken wir ein starkes Schwanken und eine mehrfach beklagte Unklarheit. Aber offenbar sind beide Gesichtspunkte zu beachten, beide nebeneinander berechtigt. (Ebenso Begründung zum Vorentwurf eines deutschen Strafgesetzbuches, 2, 582.) Die Ehe muß als eine der Grundlagen des Staates geschützt werden; dies ist bei genauer und gründlicher Überlegung sogar der erste und wichtigste Gedanke, auch die würdigere Auffassung. Aber die Ehe ist nicht bloß soziale Einrichtung, zum Wohle des Staates gepflegt, sondern auch im höchsten Maße Privatangelegenheit. Das frühere Recht dachte meist offenbar nur an diese zweite (ausdrücklich z. B. in den Strafgesetzbüchern von Sachsen, Braunschweig, Hessen, Hannover). Daraus erklären sich viele Einzelheiten der Rechtsgestaltung, die noch heute nachwirken. Es ist allerdings nicht zu sagen, daß unser Strafgesetzbuch diesen einseitigen Standpunkt vertrete, wie das behauptet wird. Daher stellt es den Ehebruch auch zu den Verbrechen gegen die Sittlichkeit, hebt also deutlich das öffentliche Interesse an seiner Bestrafung hervor. Wir sind doch allgemein zu einer würdigeren Auffassung über die Ehe gekommen als das alte Naturrecht. Die Doppelnatur des Delikts führt zu Kompromissen in der gesetzlichen Gestaltung, die ungünstig wirken. Aber auch wenn man den reinen Staatsstandpunkt vertritt, muß man Rücksicht auf die beteiligten Einzelnen nehmen, denn auch deren Interessen haben ihre eigene Berechtigung. —

Wie soll der Ehebruch strafrechtlich behandelt werden? Die Frage wird heute wieder recht lebhaft erörtert. Ehereformer, Bevölkerungspolitiker, Moralisten sind eifrig an der Arbeit. Ob sie wohl etwas Befriedigendes erreichen werden? Ich bezweifle es, denn das Delikt ist zu sehr umstritten. Für unsere Erkenntnis sind besonders die zahllosen Schwankungen in der deutschen Gesetzgebung seit Ausgang des 18. Jahrhunderts lehrreich; daher sollen sie auch zur Beleuchtung der einzelnen Fragen herangezogen werden.

1. Soll der Ehebruch überhaupt gestraft werden? Die Frage ist oft erörtert und wird immer wieder aufgeworfen. Schon die Aufklärung wendete sich gegen Bestrafung dieser „rein formalen Vertragsverletzung“, aber in eigenartiger Folgewidrigkeit schlug sie Polizeistrafen vor. Dann strafte allerdings jedes deutsche Gesetzbuch bis auf Hamburg 1869; der Entwurf von 1850 kannte noch Strafe, aber die Kommission meinte, man sei darin von jeher in Hamburg sehr lax gewesen. Vielfach wurde die Frage in Preußen besprochen. Die „Motive zu dem von dem Revisor vorgelegten ersten Entwurf des Criminalgesetzbuches für die Preußischen Staaten“,

1829, 3. Band, S. 272—275, verwerfen schon die Anregungen auf Aufhebung der Strafe. „Der Gesetzgeber muß sich sorgfältig hüten, auch nur den entferntesten Schein blicken zu lassen, als vermindere sich sein Eifer für die Aufrechterhaltung und Schätzung eines so überaus wichtigen Instituts." Das ist ein Gedanke, der auch heute oft genug wiederkehrt. Allerdings würde die Abolition praktisch wohl kaum schaden, fügte man bei. In der Abteilung des vereinigten ständischen Ausschusses von 1848 wurde die Aufrechterhaltung des Tatbestandes nur mit acht gegen sechs Stimmen beschlossen. In dem Ausschuß selbst wurde lebhaft darüber verhandelt. (Verhandlungen, Berlin 1848, Decker, 3. Band, S. 395—410.) Der Justizminister von Savigny sagte, Ehebruch sei eine wahre Rechtsverletzung, Verletzung des Lebensglücks und Gefährdung der sittlichen Grundlagen des Staates; die Strafe müsse die Gerechtigkeit schützen, einerlei ob sie den Ehebruch hindere (!); man sei es den unteren Klassen schuldig, die Würde der Ehe anzuerkennen, ihren Ernst zu wahren. Freiherr von Gaffron meinte, die Volksauffassung verlange Strafe, obwohl der Ehebruch dadurch gar nicht richtig bewertet werde. Fürst Radziwill sagte, man müsse das Prinzip wahren. Mit 66 gegen 30 Stimmen beschloß der Ausschuß die Strafbarkeit. Die letzte Kritik des preußischen Strafgesetzbuches von Dalcke (Goltd. Archiv, 17, 1869, S. 85 f.) verwirft die Strafbarkeit; der Ehebruch greife nur das innere sittliche Verhältnis an, das durch Strafe nicht geschützt werde. Ehebruchsklagen stammten aus der Sucht nach Rache und Skandal. So hat auch R. John in seinem „Entwurf zu einem Strafgesetzbuch für den Norddeutschen Bund", 1868, S. 398 f. den Tatbestand verworfen. Nichts sei so sehr geeignet, die Würde der Ehe zu verletzen, als eine Bestrafung des Ehebruchs, die lediglich im Interesse des nicht verzeihenden Gatten erfolgen müsse. — Dann tauchte die Frage erst wieder bei der Beratung eines Entwurfs des Bürgerlichen Gesetzbuches auf. Aber man wollte auch da nicht einer laxeren Auffassung huldigen (Protokolle der Kommission für die zweite Lesung, 4, S. 28 ff.). Und bei dem Vorentwurf zu einem Strafgesetzbuch erhoben sich nur sehr wenig Stimmen gegen die Strafbarkeit. (Mittermaier, Vergleichende Darstellung des Strafrechts, Bes. Teil, 4, S. 99—101; J. Kohler, Goltd. Archiv, 56, S. 297: Die sittliche Verurteilung reiche aus; Wulffen, Reform des Strafgesetzbuchs, 2, S. 125 ff.: Es könne höchstens eine Ordnungsstrafe für Verletzung der staatlichen Institution zugelassen werden; die innere eheliche Treue sei der Strafe unerreichbar. Siehe auch die Dissertationen von Metz, Strafbarkeit des Ehebruchs, Würzburg 1900, und Kahn, Die Bestrafung des Ehebruchs, Tübingen 1902. Berolzheimer, Moral und Gesellschaft des 20. Jahrhunderts, 1914, S. 301.) — Auch beim Österreichischen Entwurf wurde die Frage erörtert (1889, Ausschußbericht zum Entwurf V, Nr. 916, S. 44, § 190: „Gute präventive Wirkung in den unteren Klassen", wiederholt 1893 und wieder in den erläuternden Bemerkungen zum Vorentwurf 1909, S. 226: Die Aufhebung der Strafbarkeit könne die falsche Vorstellung erwecken, daß das Gesetz den Ehebruch als eine sittlich nicht sehr verpönte Handlung ansehe; ebenso 1912, S. 234). Beim Schweizer Entwurf sehen wir auch die Bedenken gegen die Bestrafung auftauchen, aber auch hier durch die Scheu vor der Volksmeinung beseitigt. (Protokolle der zweiten Expertenkommission, 3, S. 280 ff., 4, 62 ff.) Neuestens hat aber der Kopenhagener Kriminalist C. Torp in seinem im amtlichen Auftrag verfaßten Entwurf eines dänischen Strafgesetzbuchs die Strafbarkeit verworfen; er hat die dänische Kriminalistenvereinigung hinter sich. Die Strafe sei wertlos, der Strafantrag meist unsittlich, Scheidung genüge; warum sei nur der außereheliche Beischlaf des Gatten Ehebruch? (Betaenkning . . . Köbnhavn 1917, S. 180 f.) — Wir bemerken nach allem, daß im 19. Jahrhundert die Freiheit der Aufklärungszeit und die große Laxheit der späteren Praxis in den Gesetzgebungen verworfen, daß man also strenger wurde, und daß neuerdings die Frage der Straflosigkeit sogar selten aufgeworfen wird. Aber man beachte das stets wiederkehrende Argument: Rücksicht auf die unteren Klassen. Soll das wirklich für die Strafbarkeit genügen? Ich glaube, daß wenig Menschen scharf über die Frage nachdenken.

Ich bin heute noch überzeugter Gegner der Strafbarkeit. Man straft bei uns in Wahrheit in lächerlich wenig Fällen, die nur wenig bis zum Krieg zugenommen haben [1]). Auch nach dem Krieg nehmen die Strafanträge offenbar nicht nennenswert zu. Und damit soll die Würde der Ehe aufrechterhalten werden! Wieviele Strafanträge sind nicht Ausfluß der Rachsucht und des Hasses. Glaubt man denn wirklich, daß irgend jemand durch die Möglichkeit der Strafe des Ehebruchs seiner Frau vom Zweikampf abgehalten werde? Hat die Strafdrohung bis jetzt viel geholfen? Danach muß und soll doch ein vernünftiger Kriminalpolitiker auch fragen. Will man das an sich schlechte Verhältnis geschiedener Eheleute noch verschlechtern oder gar während der Ehe und ohne Antrag strafen? (Darüber weiter unten.) Nein! So innerliche Dinge, wie die Verhältnisse beim Ehebruch, trifft man nicht durch Strafe. Geschieht der Schutz der Eheeinrichtung wirklich richtig durch Strafe in den schmutzigsten Fällen? Von einer generalprävenierenden Wirkung der Strafdrohung kann man doch nicht reden, wenn sie nur in den zweifelhaftesten Fällen durchgeführt wird. Die Strafe muß den f e i n e r empfindenden Menschen befriedigen — hier sagt sie in den allermeisten Fällen nur dem oberflächlich fühlenden zu. In welchen Zwiespalt der Gesetzgeber kommt, erwähne ich nur nebenbei, da der Grundgedanke nie klar erfaßt wird: soll streng oder nicht, erst nach Scheidung und auf Antrag gestraft werden? Wenn der Gesetzgeber sich darauf beruft, daß die Streichung des Delikts falsch verstanden werden könnte, dann zeigt er wenig Überzeugungstreue und Mut gegenüber einer oft von ihm selbst als verkehrt bezeichneten Volksmeinung. Wenn irgendwo, dann soll der Gesetzgeber hier Führer sein. Und ich be-

---

[1]) Verurteilt wurden im Deutschen Reich Personen wegen Ehebruchs:

~ 1908	1909	1910	1911	1912	1913
300	399	387	456	387	431

Von den 399 des Jahres 1909 waren 114 vorbestraft und zwar 20 schon 3—5 mal, 12 6 und mehrmal. Das zeigt, aus welchen Kreisen die Täter stammen. Von den Strafen betrugen 1909 112 4—8 Tage, 128 unter 4 Tagen Gefängnis! Kriminalstatistik für 1909, Statistik des Deutschen Reiches 237. Vierteljahrshefte zur Statistik des Deutschen Reiches 24, 1915, II, 31.

haupte, daß das Volk die Streichung gar nicht falsch verstehen wird. — Auch vom Standpunkt des Rassenhygienikers und Bevölkerungspolitikers läßt sich nichts für die Strafbarkeit sagen. —

2. Wenn man straft, dann nur die vollendete Tat, nicht den Versuch, die oscula data, die man oft meinte strafen zu müssen, da der Beweis der Vollendung zu schwer sei. Das ist schon richtig und ein weiterer Grund gegen die Bestrafung. Aber die Neuzeit will mit Recht den Tatbestand beschränken, — auch ein Zeichen, daß sie sich scheut, die vollen und eigentlich logischen Folgen ihrer Anschauung zu ziehen. —

3. Sollen Mann und Frau gleich bestraft werden? Heute gilt die Bejahung bei uns als ziemlich feststehend, wenn sie auch noch von einigen bestritten wird. Wir wollen nicht die schmutzige Bevorzugung des Mannes aus den romanischen Rechten, die ihn nur strafen, wenn er eine Mätresse in der ehelichen Wohnung hält. Es wird immer wieder auf die eigene Veranlagung des Mannes, die geringere Gefahr seines Ehebruches hingewiesen. Nun ist das ja, soweit das rein Physische in Betracht kommt, richtig. Aber das allein gibt nicht den Ausschlag. Es handelt sich um die sittliche Seite der Angelegenheit und darum, ob der Mann ebenso wie die Frau im Interesse der allgemeinen Sittenordnung die eheliche Treue bewahren soll. Das aber muß gefordert werden. Denn es ist sicher, daß der Ehebruch des Mannes die Gefahr der Einschleppung von Geschlechtskrankheiten in die Ehe ebenso wie große wirtschaftliche Gefahren in sich birgt, daß er die Eheleute zu leicht einander entfremdet; und er reizt die Frau, die heute mit Recht die doppelte Moral verwirft, zum eigenen Treubruch. Der Einzelfall mag verschiedenster Wertung unterliegen, der Grundsatz muß gleiche Bestrafung sein. Früher war das vielfach anders. Besonders sah die Aufklärungszeit wesentlich nur in der suppositio partus durch die Frau das Gefährliche. Und die Praxis des Gemeinen Rechts strafte stets den Mann gelinder, ganz entgegen den Bestimmungen des kanonischen Rechts und der Carolina. Ja, vielfach wurde behauptet, daß der Mann, der mit einer unverheirateten Frau Geschlechtsumgang hat, gar nicht Ehebrecher sei, da er ja kein fremdes Bett verletze. Im 19. Jahrhundert strafen ihn noch milder die Gesetzbücher von Bayern (1813: 8 Tage bis 1 Monat, die Frau 1 bis 3 Monate Gefängnis; 1861: den Mann bis 1 Jahr, die Frau 2 Monate bis 2 Jahre); Württemberg, Hannover; dagegen beide gleich Sachsen, Preußen (anders die Entwürfe 1833 bis 1843 und noch v. Savigny 1848) [1]), Hessen, Baden, Braunschweig.

4. Daß auch der Dritte strafbar ist, und zwar ebenso wie der Ehegatte, steht heute fest. Freilich findet auch das immer wieder Zweifler, und früher stritt man oft darüber, da der Dritte doch keine Treupflicht verletze. Die meisten Rechte straften ihn daher gelinder, Bayern 1813 überhaupt nicht, denn hier war der Ehebruch einfach Vertragsverletzung. Auch im Allgemeinen Landrecht blieb er straflos. — Zweifellos muß aber der Dritte bestraft werden. Denn

---

[1]) v. Strampff, Kritische Briefe über den Entwurf des Strafgesetzbuchs 1844, 304 ff sagt, den Mann treffen viele Versuchungen; Zucht und Sitte sind für seinen moralischen Wert nur Beigaben, nicht Essentialia.

auch er greift in die Eheeinrichtung und in das Recht des anderen Ehegatten ein, besonders gegenüber dem Mann. In der Regel ist doch der dritte Mann der Verführer der Frau. Und selbst die Dirne soll sich sagen, daß sie nicht mit einem verheirateten Mann verkehren darf. Manche wollen allein den Dritten strafen als den Beleidiger der Ehe. Sicher kann und muß man oft den Gatten und den Dritten in der Beurteilung trennen. —

6. Sehr interessant ist der Streit, ob auch bei materiell nichtiger Ehe zu strafen sei, also bei ganz formlos geschlossener, bei bigamer, zwischen nah Verwandten und Ehebrechern. Die Antwort hängt auch hier davon ab, als was man den Ehebruch ansieht. Ist er ein Angriff auf die formelle Eheeinrichtung, dann muß man hier strafen. Ob aber der andere Teil einer solchen Ehe einen Treuanspruch hat? Denkt man nach dem Muster des Vermögensrechts, dann muß man das verneinen. Aber die Verhältnisse in der Ehe sind doch nicht derart zu begreifen. Wir sehen, daß die Gesetze vielfach auch die nichtige Ehe schützen, sobald sie nur formell gültig geschlossen ist. (Im Gemeinen Recht sehr bestritten. Unter den Landesrechten erwähnen den Schutz der nur formell gültigen Ehe ausdrücklich Sachsen und Braunschweig [hier aber mildere Strafe bei nichtiger Ehe].) Für unser heutiges Recht ist die Frage sehr bestritten, der Vorentwurf schweigt. Ich kann mir denken, daß der Staat jede formell gültig geschlossene Ehe schützen will. Er erkennt sie ja auch sonst bis zur Nichtigerklärung an. Die Verheirateten dürfen nicht einfach auseinanderlaufen. Vom Standpunkt des Staates und der Sittlichkeit aus ist das auch das richtige. —

7. Die allerinteressanteste Frage ist die, unter welchen Voraussetzungen zu strafen sei: Nur nach Scheidung? Nur auf Antrag? —

Ich muß ganz offen sagen, daß ich eine Bestrafung während der Ehe unter allen Umständen für eine Barbarei halte. Das mag ja vor 2000 Jahren möglich gewesen sein, als die Frau die Hörige des Mannes war. Wenn aber heute der Staat mit seiner rohen beschämenden Strafe in die Ehe eingreift, dann ist das eine Verhöhnung aller sittlichen Bande zwischen den Gatten, eine Zerreißung des Ehebandes, eine Erniedrigung der Ehe zur staatlichen Kindererzeugungsanstalt. Wenn man sagt, in einer rohen Ehe schade das nichts, dann erwidere ich, daß sich der Staat nicht auf diesen Standpunkt erniedrigen darf. Das sehen auch seit dem Ausgang des 18. Jahrhunderts fast alle neueren Gesetzgebungen ein. Doch der Österreichische Entwurf steht noch abseits. Denn er will nicht auf die Scheidung hinwirken und hofft, daß bei seiner Regelung die Gatten leichter zur ehelichen Gemeinschaft zurückkehren. Darf doch der Gatte den anderen auch nach dem Urteil noch begnadigen! Das ist geradezu naiv. Die Staatsstrafe erscheint wie die milde Pönitenz, die ein Beichtvater auferlegt, und man sieht nach dem Urteil die Gatten, die bisher einander grimmig befehdeten, wieder Arm in Arm zärtlich zum Ehebett zurückkehren. Das ist eine merkwürdig idealistische Theorie über Staat, Ehe und Strafe. Und doch wendet sich offenbar in Österreich niemand gegen diese Bestimmung, die nur aus katholischen Anschauungen zu verstehen ist, da die Kirche einer Scheidung widerstrebt. Auch aus der Schweiz werden ähnliche Auffassungen, namentlich für die ländliche Bevölkerung, berichtet. Im 19. Jahrhundert stritt man lebhaft über die Frage. Ohne Scheidung straften Württemberg, Sachsen, Baden, Hessen, Hannover, Bayern vor 1861.

Nun aber ist noch zu fragen, ob nur die Scheidung genügen soll, die wegen des Ehebruchs erfolgte. In der Regel wird die Frage bejaht, da nur der besonders schwer empfundene Fall strafwürdig erscheine. Das ist eine ganz verständige Erwägung, aber sie führt zu häßlichen Prozessen. Wenn die Ehe leichter und einfacher aus einem anderen Grund geschieden wird, warum soll dann die große Erbitterung eines Kampfes um den Ehebruch in das Scheidungsverfahren getragen werden, während im Strafprozeß die gleiche Frage noch einmal aufgeworfen und hier einfacher erledigt wird? Nach meiner Auffassung kommt es nur darauf an, daß die Ehe überhaupt geschieden ist, bevor wir strafen. Aber zäh hält das Recht an der Scheidung wegen des Ehebruchs fest, — es ist im Banne der Überlieferung befangen. Richtig und merkwürdig ist eine Beobachtung: die verletzten Gatten widerstreben oft hartnäckig einer Scheidung, da sie dem Täter und seinem Mitschuldigen nicht ermöglichen wollen, sich zu heiraten. Dann bleibt eben nichts anderes übrig, als auf Strafe zu verzichten. — Das aber vermag ich nicht einzusehen, daß die Strafe nach der Scheidung nur möglich sei, wenn man die Tat als gegen die Staatseinrichtung und nicht als Treuverletzung betrachte. —

8. Daß nach der Scheidung der Ehebruch nur gestraft wird, wenn der verletzte Gatte einen Strafantrag stellt, ist bei uns herrschendes Recht. Der Antrag war und ist überhaupt fast allgemein gefordert. Aber man beachte wohl, daß es ein großer Unterschied ist, ob während der Ehe oder erst nach der Scheidung gestraft werden soll. Im zweiten Fall halte ich den Strafantrag für eine weitere Äußerung der Barbarei der Bestrafung. Denn das gibt eigentlich jedermann zu, daß er dann nur Äußerung des Hasses und der Rachsucht ist, daß er dann Gegenstand eines ekelhaften Handels wird, daß also der Staat sich mit seinem Strafrecht zum Diener und Helfer gemeinster Gesinnung erniedrigt. (Ausnahmen natürlich zugegeben.) Da kann ich nicht folgen. Hier halte ich die frühere braunschweigische und preußische Bestimmung für allein richtig: nach Scheidung Verfolgung von Amts wegen, aber Verzeihungsrecht des gekränkten Gatten. Das ist schon ein weites, vielleicht zu weites Entgegenkommen. Wer sich scheiden läßt, muß vorher überlegen, daß dann seine Ehe durch die Strafverfolgung erst recht in den Schmutz gezogen wird. Wenn viele Kritiker ebenso wie unser Recht und der Vorentwurf anders denken, dann zeigt das immer wieder, wie sehr der Staat sich scheut, die Folgen seiner Anschauung zu ziehen, wie gern er das Odium auf einen andern abwälzt[1]). Der Schweizer Entwurf hat einen Mittelweg vorgeschlagen: Strafantrag nur, wenn der Verletzte die Klage auf Scheidung wegen des Ehe-

[1]) M. Cohn, Das Problem der Bestrafung des Ehebruchs, 1916, 54 f. will Verfolgung nach Scheidung von Amts wegen, aber keine Pflicht des Staates hierzu, sondern Zweckerwägungen der Staatsanwaltschaft. Damit kann man einverstanden sein, aber dann wird der Staatsanwalt Zensor.

bruches erhoben hat. Dann kann er also diese Klage wieder zurücknehmen, aber den Strafantrag aufrecht erhalten. Das ist ebenso verwerflich wie der Strafantrag ohne Scheidung.

Wer während der Ehe strafen will, der hält bisher einen Strafantrag für unbedingt nötig. So bestimmte z. B. Baden: Verfolgung entweder nach Scheidung von Amts wegen, oder ohne Scheidung auf Antrag. (In der Praxis soll vorherige Scheidung die Regel gewesen sein.) Daß damit die Ehe auf die Gasse getragen wird, ist klar. Man sollte dann den verletzten Gatten zum Gefängniswärter bestellen. Aber ein Absehen vom Antrag in diesem Fall wäre geradezu ungeheuerlich. Und dennoch wurde das wieder verlangt! Allerdings nur als Ausnahme für die Kriegszeit und gegenüber den treulosen Kriegerfrauen zur Wahrung der Familienehre der Kriegsteilnehmer. Es wurde vorgeschlagen, den Ehebruch gegen einen Kriegsteilnehmer an der schuldigen Frau und dem Mitschuldigen ohne Scheidung und ohne Antrag mit Gefängnis bis zu 2 Jahren zu strafen. Der Kriegsteilnehmer bedürfe eines besonderen Schutzes nicht nur für sein Vermögen, sondern auch für seine Ehe. Nur dann könne er ruhig schlafen und freudig kämpfen. Rücksichten auf den Mann und die Kinder könne der Staat beiseite setzen; und der Mann könne ja nach dem Urteil die Frau begnadigen. Nur wo der Mann im Felde die Beziehungen erkalten ließ, würde die Verfolgung von Amts wegen nicht am Platze sein [1]. — Ob der Vorschlag auch nach dem Krieg gemacht worden wäre, bezweifle ich sehr. Er war wohl auch nur eine — immerhin interessante — Kriegserscheinung. —

Es wurde schon sehr entschieden auf die praktischen Bedenken und die Wertlosigkeit eines solchen Vorschlags hingewiesen, der der gemeinen Denunziation Tor und Tür öffne [2]. Dabei wurde auch sehr richtig gesagt: so feine innere Heiligtümer kann man nicht durch die Polizei schützen. Und wie werden die Kinder später die bestrafte Mutter betrachten? Man mache sich doch nur den Skandal klar, der da offen vor aller Welt ausgebreitet wird, während er jetzt verhältnismäßig verborgen bleibt. Welche Wolke von Schmutz würde sich da aus den Gerichtssälen über die Städte und Dörfer lagern. Und glaubt der Vorschlagende, daß die Ehefrauen ihren Männern die Antwort schuldig bleiben? Er scheint nie an der Front in Ruhestellung oder in der Etappe das Leben beobachtet zu haben. Denn dann hätte er es nicht gewagt, so einseitig vorzugehen. Nicht bloß die Krieger, die ihre Beziehungen zur Frau daheim erkalten ließen, lebten sich draußen geschlechtlich aus und holten sich zu Tausenden Geschlechtskrankheiten. Es waren das die grauhaarigen soliden Ehemänner, die eben noch ihrer Frau einen liebevollen Brief geschrieben hatten. Sie dachten wohl wie der Held eines Theaterstücks, das zu Anfang unseres Jahrhunderts über die Bühne zog: „Wenn ich mich bei einer Hure ausgetobt habe, bin ich meiner Frau gegenüber edler, seelisch reiner.“ Dann können sie beruhigt das Strafverfahren gegen ihre Frau mit ansehen. Nein! Ehebrecherinnen, und besonders die Frauen der Kriegsteilnehmer sollen

---

[1]) H. Freudenthal, Berliner Tageblatt 10. Juli 1918.
[2]) M. Bernstein, Berliner Tageblatt 23. Juli 1918.

nicht entschuldigt werden; aber wir wollen doch auf seelisch so empfindliche Gebilde wie die Ehe nicht mit Dreschflegeln einschlagen. Bei den großen Schwierigkeiten, die die meisten Ehen nach dem Kriege haben, soll man vorsichtig sein und der Idealisierung der Ehe dienen, aber nicht durch Bestimmungen, die in der Geschichte wegen ihrer Grobheit kein Vorbild haben, die Ehen herabwürdigen. Ganz richtig hat auch ein anderer Kritiker des Vorschlags (Selten in der Nationalzeitung, zitiert im „Bund", Berlin, 2. August 1918) gesagt, daß der Ehemann auf die Strafe doch nur mit der Scheidung reagieren könne, während er vielleicht gern verziehen hätte. Man hat früher den Ehebruch ohne Antrag bei Erregung öffentlichen Ärgernisses gestraft, so im Gemeinen Recht (bestritten!) und in Hannover, in Württemberg bei Konkubinat oder gewerbsmäßiger Unzucht des Gatten. Aber schon das waren Ausnahmen und man hat sie sang- und klanglos begraben, und kein heutiges Recht kennt sie mehr. Wir wollen nicht die Ehe und die Strafe derart herabwürdigen und der Frauenemanzipation so scharfe Waffen gegen uns Männer in die Hand geben. Man darf ja wohl annehmen, daß die Erörterung nach dem Kriege praktisch zwecklos geworden ist. Aber die Anregung bleibt kulturgeschichtlich interessant. —

9. Eine besondere Frage ist noch die, ob die Einwilligung des anderen Ehegatten die Tat entschuldigt. Man darf nicht sagen, daß damit ohne weiteres sein Antragsrecht verwirkt sei, so gemein auch die Gesinnung dabei sein mag. Wenn der Ehebruch die Staatsinstitution der Ehe angreift, und der Antrag des Gatten nur ein Beweis dafür ist, daß er gegen die Bestrafung nichts einwendet, dann kann die Einwilligung nicht entschuldigen, wenn auch die Schuld mindern. Das war auch stets die allgemeine Auffassung; Ausnahmen wie in Sachsen waren selten. Auch heute gilt das noch. Aber zum Glück ist nach unserem bürgerlichen Recht dann die Scheidung ausgeschlossen und damit die Bestrafung unmöglich. Und das möchte ich auch grundsätzlich befürworten, denn wir wollen doch heute nicht mehr die Strafe als Moralbesen verwenden. So haben auch der österreichische und der schweizerische Entwurf entsprechend bestimmt. Man müßte umgekehrt den einwilligenden Gatten, wie das früher mehrfach ausdrücklich betont wurde, als Kuppler, und dann recht energisch bestrafen. —

Hier mögen auch noch einige andere Fragen erwähnt werden, die nur zeigen, wie man vielfach in der Angelegenheit denkt. — Es gibt Gesetze und Vorschläge, daß der Gatte, der selbst Ehebruch getrieben hat, keinen Antrag gegen seinen andern Gatten stellen darf. Diese Kompensation ist doch nur zu verstehen, wenn man rein vom Gedanken des Treubruchs ausgeht. — Vielfach will man den Ehebruch entschuldigen, wenn der andere Ehegatte zur geschlechtlichen Vereinigung unfähig ist. Aber auch hier ist vom rein sittlichen Standpunkt aus die Tat verwerflich. Man sagt, es gebe ein Recht und eine Pflicht zum ehelichen Verkehr, und wo die Ausübung unmöglich sei, da könne man auch dies Recht nicht anerkennen. Als ob wir hier ein Verhältnis wie zwischen Käufer und Verkäufer hätten! Als ob überhaupt solche innerlichen Beziehungen sich so äußerlich fassen ließen, wie die beim Kauf oder Dienstvertrag. —

Ganz dasselbe gilt auch für die Frage der langdauernden Trennung, die früher und heute wieder von unserem Vorentwurf als Grund einer Strafmilderung angesehen wird. Wenn auch dies für die praktische staatliche Auffassung richtig ist, so ist doch auch dann die Tat niemals erlaubt. —

10. Endlich mag noch die Frage erörtert werden, ob der Ehebruch streng oder milde zu beurteilen ist. Es ist bekannt, daß das Recht bis in die Neuzeit sehr streng und roh war: qualifizierte Todesstrafe wurde von den Gesetzen gedroht, — aber schon bald nach der Carolina kaum mehr von den Gerichten verhängt. Man schuf so viele Kautelen in der Praxis, daß große Milde die Regel wurde; ja bis zu Geldstrafe ging man herab. Die Aufklärungszeit dachte sehr lax, und bei den Entwürfen des 19. Jahrhunderts wurde darüber oft geklagt; so soll in Hessen das Abkaufen der Strafverfolgung durch Geld zulässig gewesen sein. Aber auch im 19. Jahrhundert war man nicht streng. Der Mann wurde mit Gefängnis bis zu 2, 3, 4, 6 Monaten, die Frau bis zu 3 und 6 Monaten, der Dritte meist nur halb so streng bedroht. Nur beim Doppelehebruch wurden die Gesetze strenger. Interessant ist, daß Bayern 1861 erheblich strenger wurde und den Mann bis zu einem Jahr, die Frau bis zu zwei Jahren und den Dritten bis zu neun Monaten bedrohte. Hessen aber ließ sogar Geldstrafe bis zu 300 Gulden zu. Der österreichische Entwurf bleibt bei der Drohung bis zu sechs Monaten, der deutsche Vorentwurf aber geht bis zu zwei Jahren statt der heutigen sechs Monate, läßt allerdings anderseits auch die mildere Haftstrafe zu. Er will mit der strengeren Drohung schwere, gemeine Fälle treffen und auch etwaigen Duellwünschen den Boden entziehen. Die letzte Kommissionsfassung geht wieder auf ein Jahr herunter. — Ich muß nun sagen: Wenn man strafen will, soll man energisch strafen, denn der Ehebruch ist grundsätzlich abscheulich und er greift eine der wichtigsten Grundlagen des Staates an. Daß man dennoch meist die Sache leicht nimmt, ist nur ein Beweis für die Halbheit der Gesetzgeber und Richter, die es nicht wagen, entschieden Stellung zu nehmen und daher Kompromisse schließen. Schon das lehrt, daß die Theorie im Leben selten zu Ende kommt. Und liegt nicht der Schluß auf der Hand: wir strafen überhaupt nicht!?

Über Ehebruch als Straftat läßt sich noch vieles sagen, aber das meiste hat nur juristisch-technische Bedeutung. Wenn ich nun aber zu einer Ablehnung der Bestrafung komme, dann muß ich doch sagen, wie ich mir die Bekämpfung des zweifellosen Übels denke.

Zunächst bemerke ich, daß der Gesetzgeber in dem Festhalten des Ehebruchs als eines absoluten Scheidungsgrundes schon zur Genüge seine Mißbilligung ausdrückt. Und daß er an dieser Vorschrift festhält, ist berechtigt: wenn ein Gatte die Scheidung wegen Ehebruchs verlangt, kann ihm der Staat die Fortsetzung der Ehe nicht mehr zumuten. Damit wird unzweideutig der Ehebruch als Unrecht gekennzeichnet. Ich habe auch nichts dagegen, daß die Ehe zwischen Ehebrechern verboten wird, obwohl man in Einzelfällen das Verbot für unzweckmäßig halten kann. Dafür gibt unser BGB. die Möglichkeit der Befreiung von dem Verbote (§ 1312), wovon offenbar recht oft Gebrauch gemacht wird. Es muß immer wieder darauf hingewiesen werden, daß der Staat nicht jede Unsittlichkeit und jede soziale Gefahr sogleich bestrafen soll. Strafe ist nur berechtigt, wo sie nicht bloß in Ausnahmefällen durchführbar ist und wo sie auch vom Unrecht abhält. Wo aber soviele Wenn und Aber bei der Bestrafung bestehen wie hier, wo die Seelenstimmung der Täter so unberechenbar ist, da ist Strafe wertlos. Immer wieder muß auch darauf hingewiesen werden, daß gar mancher Ehebruch durch das Verhalten des anderen Gatten veranlaßt ist; darauf aber kann der Richter nicht die gebührende Rücksicht nehmen. Freilich wollen viele mit der Strafe nur eine Sühne oder Vergeltung für das begangene Unrecht erzielen und sich nicht um die weitere Wirkung der Strafdrohung oder Strafe kümmern. Aber dann muß doch die Sühne einigermaßen dem Unrecht angepaßt sein und sie soll die Rechtsgrundlage des Staates stützen. Davon aber kann ich hier nichts entdecken, wo die zum Ehebruch führenden Gründe so subtil sind, — oder nach andern so tief und unbeeinflußbar in der menschlichen Natur gelegen sind. Oft genug wird eine Ehebruchstrafe alle, die davon hören, an der Gerechtigkeit und Hoheit des Staates zweifeln lassen. Man darf das Strafrecht nicht mit Aufgaben belasten, die ihm fernliegen; man soll nicht glauben, daß nur das Gesetzesrecht den Staat erhalte; es wäre schlimm um ihn bestellt, wenn nicht auch, oder vielmehr zu allererst, das Sitten- und Rechtsbewußtsein des Volkes ihn trüge. Und wenn wir als Recht nicht den Gesetzestext ansprechen, sondern die im Volk lebende Rechtsübung, dann ist die Strafbarkeit des Ehebruchs kein allgemeines Recht, sondern das Recht einzelner und offenbar keineswegs der besten Kreise, das in der Praxis immer wieder abgelehnt wurde und nur mit Mühe aufrecht erhalten werden mußte. Seine Behauptung sehe ich als eine Überspannung des Staatsbegriffs, als ein Schwächebekenntnis gesellschaftlicher Kräfte an, die gerade hier vor allem vorbildlich wirken sollten. —

Daß Einwirkung auf die sittliche Auffassung in jeder Richtung das erste und beste Bekämpfungsmittel ist, wird jeder zugeben. Sehr klar geht das auch aus dem Buche von K i s c h hervor. Wir sind gerade jetzt energisch an der Arbeit, das soziale Bewußtsein der Menschen zu heben. Damit gehen wir auch dem Ehebruch zuleibe. Ohne daß wir die natürliche Sinnlichkeit irgendwie beeinträchtigen und in ihrer lebenerhöhenden Bedeutung herabsetzen wollen, müssen wir doch die Menschen davon abbringen, daß sie die Sinnlichkeit Herr über sich werden lassen. Die jungen Männer müssen es lernen, daß die Befriedigung des Geschlechtstriebs zu jeder Zeit, da er sich regt, keineswegs eine physische Notwendigkeit oder etwas Nützliches ist. Wir müssen die Erotik als Selbstzweck bekämpfen und ihr den Platz als Hilfsmittel zur Lebensverschönerung und zur seelischen Erhebung anweisen. Es ist wohl berechtigt, von dem Beginn einer neuen Kulturepoche mit dem Bewußtsein stärkerer sozialer und sittlicher Pflichten zu reden. Aber allerdings bringt jeder Übergang auch Gefahren mit sich, Nervosität und Zerfahrenheit, die nicht sittliche Stärke in sich bergen.

Auf dieser allgemeinen Grundlage ist dann weiterzubauen: wird die Stellung der Frau gehoben, dann mag das manchen Ehebruch verhindern. Denn die Ehen können würdiger und in sich gefestigter werden. Aber allzu viel darf man sich davon nicht versprechen. Denn die Frauenbewegung läßt doch sehr viele Kreise unberührt; und viele Frauen bleiben ebenso wie viele Männer leichtsinnig und ohne Sinn für Verantwortung. Und die Frauenemanzipation bringt auch unerfreuliche Erscheinungen mit sich, da viele die Freiheit falsch auffassen, so daß für Mann wie Frau neue Gründe zum Ehebruch entstehen. Höchst bedenklich ist da begreiflicherweise die Lehre von dem sexuellen Unbefriedigtsein vieler Frauen.

Viel mehr verspreche ich mir von einer verständigeren Wertung der Ehe. Man will das Mädchen nicht mehr wie ehedem einfach unter die Haube bringen. Man läßt ihm mehr freie Wahl, und die bessere Erziehung der Mädchen macht sie selbständiger; wir kommen mehr zur Vernunftehe, die ein besseres Sichverstehen der Gatten mit sich bringt. Daß heute spät geheiratet wird, vermehrt vielleicht den vorehelichen Verkehr, aber scheint mir den Ehebruch nicht zu begünstigen. Daß frühe Heirat dem Ehebruch entgegenstehen sollte, möchte ich bezweifeln. — Sehr fortschrittliche Neuerer sprechen von Probeehen, — wohl in unbewußter Erinnerung an heute noch hier und da geübte Probenächte. Ließe sich das durchführen, dann wäre es gewiß recht gut, nur sehe ich schlechterdings nicht, wie man es machen will. Ich fürchte im Gegenteil auch, daß solch freieres Verhalten Mann und Frau nicht gerade stark für das Eheleben macht.

Sicher, daß manches in der Ehe gebessert werden könnte. Vor allem muß der Beruf der Hausfrau und Mutter höher gehoben und durchgeistigt werden. Das ist freilich nicht leicht, besonders in einer Zeit, da der wirtschaftliche Druck so schwer auf uns lastet, wie jetzt, und alle Forderungen dahin übersehen meist die äußeren Hemmnisse, wo nicht große Mittel zur Verfügung stehen. Die Neuzeit erleichtert den Hausfrauen- und Mutterberuf keineswegs. So wird auch das seelische Zusammenleben der Gatten durch die Anforderungen der heutigen Zeit nicht erleichtert. Und doch muß gerade das erreicht werden. Die Eheleute sollen mehr miteinander und füreinander leben, sollen ihre Unterhaltung gemeinsam suchen, ihre Arbeit gemeinsam verrichten, ihre geistigen Interessen mehr miteinander teilen, wobei der Mann mehr der Frau entgegenkommen, aber auch die Frau mehr die Interessen des Mannes teilen muß. Das ist in vielen und gerade in einfachen Kreisen von jeher so gewesen, aber vielleicht weniger in höheren Kreisen, in denen die Frau zu viel nur dem Haushalt lebte oder ihre eigenen Vergnügen suchte. Streben wir nach Vertiefung des Ehe- und Familienlebens, dann wird dem Ehebruch viel Wasser abgegraben. Aber wir dürfen nicht zu viel da erwarten. Gewiß können und sollen wir nach immer besserem Verstehen aller Eheleute streben, aber ein völliges Ineinanderaufgehen ist nie zu erreichen. Ehe ist Kampf; jeder Mensch bleibt an einem Punkt sich und anderen unverständlich; je tiefer die Menschen denken, um so eher kommen sie an einen Punkt, da sie merken, hier reden wir aneinander vorbei, hier bin ich anders als der andere. Dann muß die Losung ein Nachgeben sein, — und das ist selbst dem Besten oft schwer!

Auch die Verbesserung des Wohnens spricht ein gewichtiges Wort hier mit.

Erleichterung der Scheidung? Gewiß hilft auch das, aber wesentlich nur theoretisch. Denn soziale und besonders wirtschaftliche Verhältnisse und die Rücksicht auf die Kinder hindern tatsächlich die Scheidung in tausend Fällen. Wir sind schon in der Freiheit der Scheidung recht weit vorgeschritten; ich sehe nicht, daß das die Ehebrüche hindert[1]).

Und wird die Möglichkeit für die unverheiratete Frau, daß sie sich ehrlich in freier Liebe geschlechtliche Befriedigung sucht, etwas helfen? Ich glaube kaum. Denn die Frauen, die dafür in Betracht kommen, haben heute selten zum Ehebruch gereizt. Und die Prostitution wird durch diese Entwicklung kaum vermindert. —

Ich gestehe, daß ich wenig Hoffnung auf eine starke Abnahme der Ehebrüche habe. Die Menschen mögen klüger werden, im Charakter ändern sie sich wenig. Leidenschaften und Schwäche werden stets ein menschliches Übel bleiben und stets zum Ehebruch führen. Aber wie überall dürfen wir auch hier nicht aufhören zu kämpfen; denn der Ehebruch ist ein Übel, und nur wenn wir uns immer wieder dagegen stemmen, erhalten und stärken wir unsere Kräfte. Nicht Vollkommenheit ist unser Erdenlos, nur das Streben danach. In der Überwindung liegt Inhalt und Schönheit unseres Lebens. Eine gute Wirkung und vielleicht mit die stärkste verspreche ich mir von der ruhigen Aufklärungsarbeit auf dem Gebiete des Geschlechtslebens. Wir Menschen haben ja fast alle bislang in geschlechtlichen Dingen in krassester Unkenntnis gelebt. Nur die wenigsten dachten ruhig darüber nach und wußten etwas von der Bedeutung des Geschlechtslebens für den Einzelnen und die Gesamtheit. Das ändert sich jetzt erheblich. Und damit tritt wohl auch eine größere Besonnenheit ein, die viele vom Unrecht auf diesem Gebiete und damit auch vom Ehebruch abhält.

Ich glaube auch, daß die Umwälzung unserer Zeit eine Besserung im Gefolge hat, so sehr man vorläufig das Gegenteil anzunehmen geneigt ist. Wenn wir denken, daß wir den krassen Materialismus der Vorkriegszeit für viel Schädliches verantwortlich machen müssen, dann dürfen wir doch eine leise Hoffnung hegen. Wir werden für Jahrzehnte hinaus arm, bitter arm sein. Die Klassengegensätze werden stark ausgeglichen werden. Da dürfen wir doch wohl annehmen, daß die größere Einfachheit aller Verhältnisse die Menschen ruhiger macht, daß sie sich wieder mehr auf das stille Leben am eigenen Herd zurückziehen, daß viele Versuchungen wegfallen, daß das Innenleben wieder vertieft wird und auch, daß das Gefühl der Verantwortlichkeit gegen sich und die Gesamtheit stärker wird.

---

[1]) Nach der (letzten) Deutschen Justizstatistik, XVII, 1915, S. 133 wurden von Jahr zu Jahr immer mehr Ehescheidungsklagen eingebracht:

In den Jahren	1881	1900	1905	1909	1910	1911	1912	1913
waren es	7049	11 227	16 439	20 746	22 334	23 174	24 840	26 303

Das bedeutet seit 1881 eine Zunahme um 273,1 %. Leider fehlt noch die schon angekündigte Statistik der Scheidungsgründe.

Kehren wir um vom Negativen zum Positiven, vom Ehebruch zur Ehe. Nicht jener ist uns das wichtige, sondern diese. Ihrem Ausbau und ihrer Verbesserung gilt unsere Arbeit. Wir erkennen sie in der Betrachtung des Ehebruchs, und diesen sehen wir im Spiegel des Rechts schärfer und klarer, als bei phantastischen Philosophien. Wieviel aber noch ungeklärt übrig bleibt und wohl nie voll geklärt wird, mußten wir auch erkennen. Aber denken wir an die große Bedeutung, die die Ehe bei den gewaltigen Schwierigkeiten unseres künftigen Lebens haben wird. Sie muß einer der sicheren Punkte in der Entwicklung sein. Rütteln wir daher nicht zu sehr an ihren Grundlagen, suchen wir sie zu stärken, ohne viel an ihr zu experimentieren. Ihren Lebenswert, aber auch die unsagbaren Schwierigkeiten, die in ihr liegen, hat uns die Betrachtung des Ehebruches gezeigt.

Auszüge aus Besprechungen:

Auf der Grundlage einer mehr als fünfzigjährigen Tätigkeit als Frauenarzt und an der Hand der physiologischen und psychologischen Forschungen der Gegenwart formt der Verfasser in diesem Buche das Bild der ehebrecherischen Frau, erforscht die Gründe und den Werdegang der geschlechtlichen Untreue des Weibes in ihrem verwickelten Verlaufe vom ersten gedanklichen Liebessehnen bis zur fleischlichen Vollendung und legt die Zusammenhänge bloß, die zwischen dem Fehltritte der Frau und ihrer angeborenen Keimanlage, sowie ihrer eigentümlichen, auf die Mutterschaft abgestellten Geschlechtsausbildung, der Beschaffenheit des heimständigen Bodens und ihrer Umwelt bestehen, und weist nach, welch überwältigende Schuld nicht selten dem eigenen Manne an dem Falle seiner Ehegattin zukommt. Mit hohem sittlichen Ernst sucht er die tieferen Ursachen des beklagenswerten sittlichen Niederganges der Ehe der Gegenwart zu ergründen. . . . Das Buch ist in einem guten, klaren, von entbehrlichen Fremdwörtern ziemlich freien Deutsch geschrieben und bietet reiche Belehrung für jeden, der im öffentlichen Leben mit solchen Dingen zu tun hat, vor allem aber dem Kriminalisten, dem Richter, dem Moraltheologen, dem Beichtvater, Prediger und dem geistlichen Gewissensberater in den Großstädten. Sein Wert für die moderne Frauenfrage liegt auf der Hand.

Augsburger Postzeitung.

. . . . . Daß diese sexuelle Untreue der Frau auch für den Kriminologen von besonderem Interesse ist, bedarf keiner Darlegungen, da so viele Verbrechen gerade an die Verfehlungen der Frau auf sittlichem und geschlechtlichem Gebiet anknüpfen, ganz abgesehen davon, daß die strafrechtliche Bedeutung des Ehebruchs, über die der Verfasser sich an der Hand der einzelnen gesetzlichen Bestimmungen der verschiedenen Nationen äußert, für den Kriminologen von besonderer Wichtigkeit ist. Die Absichten des Verfassers, die er im Vorworte dahin präzisiert, er wolle die Motive und den Werdegang der weiblichen Geschlechtsuntreue in ihrer merkwürdigen Verschlingung vom gedanklichen Liebessehnen bis zur fleischlichen Tat des Ehebruchs erforschen, den Zusammenhang des letzteren mit der angeborenen Keimanlage der Frau, mit der Beschaffenheit des heimständigen Bodens, mit der Eigentümlichkeit der erworbenen Umwelt der Ehegattin dartun, ist ihm durchaus gelungen.

Es sei noch darauf hingewiesen, daß der Verfasser über ein außergewöhnliches Material auf dem Gebiete der einschlägigen Literatur verfügt, und daß überall eine universelle Bildung zutage tritt, die dem Werk einen ganz besonderen Wert verleiht. In dieser Hinsicht berührt es besonders wohltuend, mit welcher Altersmilde der Verfasser auf die Verirrungen des Einzelnen herabsieht, und es ist für die Tendenz des ganzen Werkes bezeichnend, daß er im Vorworte seine Beobachtungen mit den Worten schließt: „Die Erkenntnisse aus dem eigenen Erleben, aus dem wissenschaftlichen Ergründen wie aus dem historischen Betrachten ist zumeist der Wahrspruch: Alles begreifen, heißt alles verzeihen."

Wer sich für die einschlägige, so bedeutsame Frage interessiert, wird der neuen Arbeit von Kisch die verdiente Beachtung schenken.

Geh. Justizrat Dr. Horch im Archiv für Kriminologie 1917, Bd. 68, H. 3/4.

. . . . Alles in allem: Ein gutes Buch mit reiner Tendenz.

Neue Generation 1917.

. . . . Mit Recht kann man hier wirklich von einem Buche reden, wie es auf diesem Gebiete in der Weltliteratur bisher nicht seinesgleichen hat.

Deutsche Mütterzeitung 1917.

. . . . Häufige Beziehungen auf die einschlägige moderne Literatur beleben die Darstellung, die für den Arzt und Soziologen gleiches Interesse bietet und als ernste Arbeit gewertet sein will, die den hohen Wert der Frauentreue für das Glück der Ehe und den Aufstieg der Rasse einschätzt und preist. Büchermarkt 1917.

Mag man mit dem Verfasser auch über manchen Gedankengang und Leitsatz rechten können, das Buch als Ganzes bietet eine Fülle von Wissensbereicherung, und diese ist den Ärzten ganz besonders zu wünschen, die, durch ihren Beruf mehr als andere Menschen gezwungen, psychische Eigenarten zu verstehen, leider noch immer den gewichtigsten Faktor im Erdendasein, die Sexualität, allzuwenig kennen. Hier kann und soll Kischs Buch belehrend wirken. Medizinische Klinik 1917.